LE BLASON DES FLEVRS OV SONT CONTENVS PLVSIEVRS secrets de Medecine.

A PARIS,

Chez Pierre Ménier, portier de la porte S. Victor. 1614.

A LA DAME D'HONNEVR
& de vertu, salut & felicité.

Insi comme la benigne nature (Madame) s'est esgarée à la diuersité des choses, ainsi mesmes les hommes tous diuers, ce sont en cela reunis ensemble, c'est qu'ils ont pris tres-grande volupté à ceste mesme diuersité, que la bonne mere la nature leur a des leur naissance enseigné, comme desirant que ses enfans plus nobles fussent participans de mesme ayse qu'elle a conceu en vn tel œuure: Or en pareil moyen considerant qu'entre les autres choses ie ne trouue rien, ou la beauté & diuersité soyent mieux pratiquées qu'en

A ij

la multitude de si belles fleurs & herbes o-
doriferantes, i'en ay esmaillé ce petit bouquet
à la mode Françoise, pour vous l'adreßer, &
ie ne puis l'adresser mieux qu'à la Dame remplie de vertu, qui est le vray & parfaict or-
nement de la femme. A ceste cause receuez
de bonne part cest amas de florettes, ou ce iar-
dinet de plaisir, lequel si ne vous rend grand
fruict, elles vous contenteront pourtant ainsi
comme ie pense, de l'odeur suaue & douce qui
les accompagne sans la beauté dont elles sont
garnies au contentement de l'œil. A tant (Madame) ie suppliray le Createur perpetuer &
tenir en sa saincte garde vostre honneur en
tout heur & felicité.

La dame d'honneur.

Toutes les plus dignes fleurs
De ces regions enbalmées,
D'où nous viennent les odeurs
D'Arrabie parfumée,
Ne sont point si estimées
N'y produisans de si bons fruicts
Que les dames consommées
En l'honneur comme ie suis.

La fleur du Lys.

Ie suis le Lys fleur souueraine,
Signifiant virginité.
Remplie de vertu hautaine,
Ma blancheur n'est que pureté
Ie n'ayme que sincerité
Filles contemplez ce fueillage
Si garderez integrité
Ne faisant à Venus hommage.

Rose blanche.

Et moy rose blanche iolie
Ne suis inferieure au Lys
De toutes parts gaye & polie
D'espines armée suis
Signifians que ie poursuis
Tousiours à garder ma grandeur,
Fille qui en ce liure lis,
Fais comme moy, auras grand heur.

A iiii

Le blason

Rose rouge.

Autrefois blanche i'ay esté
Maintenant rouge deuenue
Ce fut par vn ioly esté,
Que i'eu ceste desconuenue
Sçachez qu'Adonis en chair nue,
Par Venus d'amour folle attainte
Pourchassé fut par ronce dure
Dont de son sang ainsi m'a tainte.

Rose muscade.

Rose muscade suis nommée
Pour l'odeur qui en moy abonde
De ce nature m'a douée
Sentant mieux que chose du monde,
Toute pure ie suis & munde
Resiouyssant tous les humains,
Les esprits & cerueau immunde
Quand on me porte entre les mains.

Le blason

Rose d'Esglantier.

Petite n'est pas ma louange
Qui suis la rose d'Esglantier
Entre fleurs viles ne me renge
Tousiours me tiens en mon entier
Ce n'est du iourd'huy ne d'hier,
Qu'aux Poetes François suis donnée
Thoulouse ce ne peut nier,
Que ie suis tant recommandée.

Violette de Mars.

Ie fuis de Mars la violette
Qui vient annoncer le Printemps
Chacun me defire & fouhaitte
Pour prendre de moy paffetemps,
L'odeur que donne à toutes gens
Me faict ainfi eftre prifée,
Car ie rends les humains contens
Quand ie fuis bien puluerifée.

Bourroche.

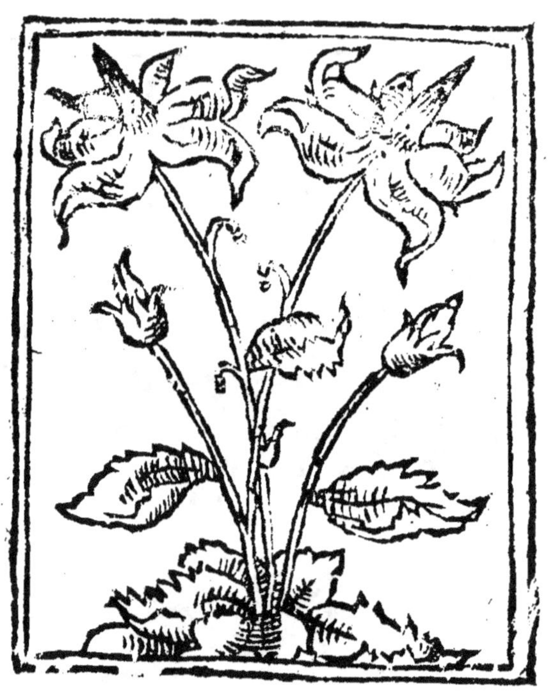

Arreſte toy melancolique
Contemple bien ceſte fleurette
La trouueras de grand' practique
S'en ton vin permets qu'on en mette
Auſſi de la fueille longueette
Car ſi tu n'as ioyeux eſté
Le ſeras quoy que l'on caquette
Elle engendre ioyeuſeté.

Aubifoins ou barbeaux.

Aubifoins font fleurs ioliettes
Qui donnent grand grace au fourment,
Aussi ces rustiques fillettes
En font quelquefois parement
Quoy qu'elles soient sans odorement
Leur vertu pourtant n'est petite
Les yeux enflammez proprement
Guarit l'herbe aubifoin susdicte.

Le blason

Peruenche.

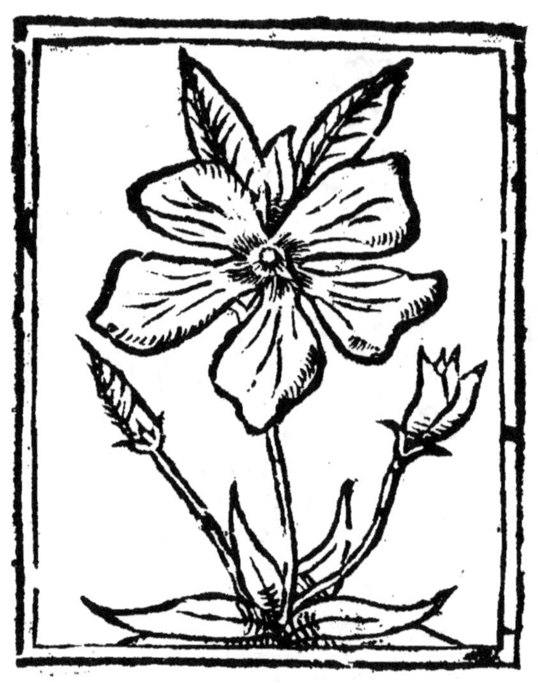

Peruenche en vn lieu delectable
Et gay, pres de terre prouient
De figure & couleur semblable
Au laurier si bien m'en souuient,
Vertu deseicher contient
Douleur de ventre met arriere
Et si des dents le mal vous tient,
Contre venin fort singuliere.

Soucy.

Ie ſçay bien qu'on me iette loing,
Et que ne ſuis la bien venue
Toutesfois ie ſers au beſoing.
De vertu ne ſuis deſpourueue
Qui ma nature auroit cogneue,
Pas aux pieds ne me fouleroit
Ains pluitoſt en maiſon & rue
En l'oreille me porteroit.

Pauot.

Le pauot suis plain de froidure
Nonobstant bon pour les humains
Qui par maladie trop dure,
Ont vueillé des nuicts & iours maints
Ie les rends de repos tous plains,
Si par mesure suis donné
Autrement à bon droict me plains
Le malade estre abandonné.

Encholie.

Encholie.

Ie suis violette d'Automne
Apres l'Esté és champs florie
La couleur du ciel ne m'estonne,
Et de la vaincre n'ay enuie
Mon nom est la double Encholie
Des fleurs la fleur bien la plus belle,
D'aucune odeur ne suis munie
Douce en goust sa nature est telle.

B

Freze.

Le plain Esté c'est ma saison
Alors ie suis recommandée
Ie donne plaisir à foison
Par moy la soif est estanchée,
Ie guaris la Rate entachée
Pour l'estomach ie suis propice
Aussi si ta face est tachée
Mon ius te la rendra sans vice.

Buglose.

Si tu as tremblement de cœur,
Prens moy de l'eau de la buglose
Et me boy de ceste liqueur,
Tu guariras, afferneraltse
Car il n'y a meilleure chose,
Pour mauuais sang mondifier
Si tu en vses seras cause
De ton ceruceau rectifier.

Coquelourdes, ou Gobeles.

Coquelourdes, herbes au vent
Es lieux cultiuez ont naissance
Entre les bleds le plus souuent
En auez vraye cognoissance
Si voulez sçauoir leur puissance
Nourrices qui peu de laict ont
Si me cueillent pour leur vsance
Abondance de laict auront.

La fleur de Marguerite.

Marguerite fleur excellente
N'aura-elle point en ce lieu place
Elle n'est odoriferante
Mais sur toutes a bonne grace,
Quoy que l'on die, ou que l'on face,
Elle est des fleurs la plus eslite,
Sortant de tant Royalle race,
Des Marguerites, Marguerite.

B iii

Flambes.

Messieurs les Apoticaires
Qui de qui pro quo vous meslez,
Ne soyez point si temeraires
Quand pour vn autre me pillez
Mais pluftoſt en Florence allez
Pour recouurer le vray Iris
Et pour luy point ne m'eſcallez
Il n'en croiſt point dedans Paris.

La mauue.

De moy fort vne eau singuliere
Qui vaut contre tout apoftume
Durté de foye met en arriere
Et de la ratte i'ay couftume
Moyennant que boire on prefume
A ieun, cefte mienne liqueur,
La durté du ventre confume
Repofer fais fans nulle peur,

B iiij

Giroflées.

Giroflées sont fleurs communes
Mais en leur couleur differentes
Les vnes sont blanches, aucunes
Sont bleues, mais plus apparentes,
Sont les perces & plus frequentes
En medecine, car elles font
Les fleurs aux femmes stimulantes,
Et bien tost enfanter les font.

La pensée.

Si la couleur nous recommande
Croyez que ie seray derriere
Car ie me retiens de la bande
De celle qui se tient premiere
Quand par vne bonne maniere,
En vn bouquet suis agencée,
Toute autre fleur est mise arriere,
Et n'est que la menue pensée,

Oeillet.

Oeillet petit œillet & qui surmonte
D'odeur non second à la rose
Qui ne me desire il a honte,
Fort profitable à toute chose,
Et si de moy affermer i'ose
Que tel ordre est en mon calice
Qu'il semble que nature enclose
Y soit, pour garder reng sans vice,

Fleur de poix.

Et moy qui suis la fleur des poix,
En ce liure n'auray-ie place
Si est-ce que poise mon poix,
Et n'ay moins qu'autre bonne grace,
Et profit pour l'humaine race,
en vn bouillon tant seulement
Sans Cyrop, sans clystere ou casse
Le ventre lasche librement.

Groselliers.

Entre les hayes est ma demeure
Ie fais plus coustumierement
Pour garder d'entrer à tout heure
Les estrangers non seulement,
Mais aussi vertueusement
Pour contregarder vos iardins
Qu'il suruienne occultement
Des malefices & venins.

La febue.

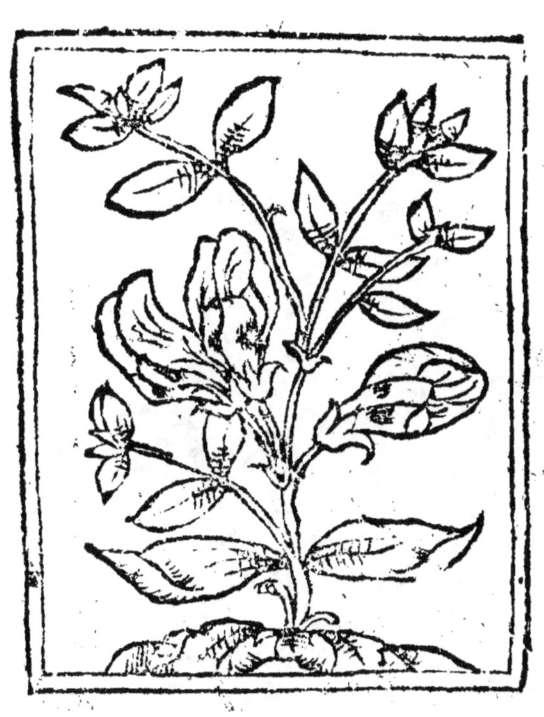

Et moy seule entre tout legume
Sur terre sans ayde me tiens
En terre grasse i'ay coustume
De profiter pour les Chrestiens
Entens mon dire & le retiens
Si ton laict (nourrice) engrumeux,
Le le rendre clair me souuient,
Par cataplame farineux.

La vigne.

Ie sçay que dire de toy
Gentille plante au bois tortu
Tant en toy de choses ie voy
Et tant és plaine de vertu.
Si quelqu'vn est tout abbatu,
Sans que d'vn seul point ie rechine
Malgré tout medecin testu
Prens recipe ius de la vigne.

Mariolaine.

L'ambre, le musc, & la ciuette
Et les senteurs que l'on ameine
Pour nous reconforter la teste,
De mainte region loingtaine
Ne passent point la mariolaine,
Qui a l'odeur tant pur & bon
Qu'elle oste par force certaine,
Les picqueures du Scorpion.

La ſauge.

La ſauge eſt fort bonne de ſoy
On dict pourtant ſoubz la racine
Que le crapaut tire à requoy
Sa ſubſtance & poiſon vuſine
Mais auſsi elle chaſſe & maine
Ce mal par contraire raiſon
Ainſi la perſonne maligne
A bien trouué de la poiſon.

Abricot.

Abricot

Si les fruicts sont recommandez
Et auec soing contregardez
Pour la beauté & excellence
Odeur saueur goust & plaisance
En leur perfection entiere
L'homme à iuste cause & matiere
De donner s'il n'a l'aduis sot
Grande louange a l'Abricot,

C

LE BLASON DES HER-
bes, arbres, & Fleurs se-
lon l'ordre Alpha-
betique.

Bricot desloyauté
A che asseurez moy,
A diendos remede
A illes la pareille vous rendre
Mlisier yuroguerie
Amandier noise & rançon,
Amarou donnez moy congé
Apparitoire pure volonté
Auis confort,
Argentine n'en parlons plus,
Aspic amendez vous
Armoise ou l'herbe digne d'honneur
Argimoine ou eupatoire, excellence bonté
Aureole, iamais ne m'aduiendra,

Arrouches de vous n'ay que faire
Artichaut dangereuse entreprise,
Asperge honneste conuerture
Auoine chastiment
Aubespine fleurie baisez moy.

B.

BAselic regret
Blasme vous croyez de leger
Bette blanche le temps se perd
Bette rouge n'y pensez plus
Bouton de rose blanche ie vous aymé
Bouton seul de rose rouge angoisse
Bouton doubles de rose rouge occasion
Bourdine i'attends secours,
Bouy resiouïssance,
Bouillon douleur au departir
Bourdon de giron ie vous oste mon seruice
Bourse à pasteur gardez surprise,
Bourroche reproche,
Buglose legerete,
Bluette violette vous estes mon entende-
ment
Bluette perse vostre esprit me plaist,
Buronne ie vous attends
Brunette receuez moy,
Betoine resistance bruierre rudesse
Bassnets contentez vous

Blason

Camomille perpetuel support,
Cane, labeur
Capili veneris, humilité
Carcanges, facilité
Cedre hauteur
Cerisier, ne m'oubliez
Cerfueil, vertu par tout,
Ceterac, allegeance,
Cicoc amour durable
Chicorée, bon entretien & bonne grace
Ciues de mal en pis
Coches mocquerie
Coriande, punaisie & punaise
Citrouille a Dieu vous dis
Coigner tresbien ie les veux
Coc, ie vous quiers à femme,
Cormier en angouesse ie languis
Corne de cerf à vostre dame,
Cornillier malgré vous
Coudre du noisilier, tenez moy foy
Chardon benist, ie songe à vostre auance-
     ment
Cuy rage, mal me seruez
Chardon mal ie vous veux,
Chancre ou herbe Robert, ne pensez que ie
     sois tel,
Chanure, deffiance

Cerfeuil, loyal accointance
Chefne feureté pour aymer
Chiendent, confeil
Creffon d'eau, pouruoyance
Creffon de iardin foulas & confort

D.

Douues aquatiques douloureufe accoin
tance

E.

E Aulné, affeuré fecours
Encholie, n'en prens pas trop
Efpurge vne fois fans plus,
Efpine danger
Efglantier amitié
Efperance, experience
Efpy de bled, changez bien aurez
Efpy de bled vuide vaine efperance
Efchernis friandife,
En diue, quand vous voudrez,
Elebore blanc, penfez au danger
Erable impuiffance
Efpine blanche de long trauail heureufe
recompence
Eftournelle, excufez moy
Efpinards, fans vous ne puis
Efclere ou chelidoyne, foyez plus honteux,
Efpy double, efpoir & contentement
Efpy de bled triple, richeffe beauté & bôté

Espy d'orge peine & profit.

F.

FEnoille dissimulation,
Figuier remords de conscience
Fougere souffrance
Fourgerollie trop m'importunez
Fouteau amour feinte
Fresgon vos estes trop querelleux
Fresue subiection,
Fumeterre retirez vous,
Fleur d'herbe commune cela vous prise
Fleurs de Thin à vous me donne
Fleur de poix ie vous retiens
Fleur pe pecher prier vous veux
Fleur d'englantier banquet.
Fleur de ronce sans espine, il n'y a nulle de-
ception
Fleur de Pentecoste violette, i'ay plaisir de
vostre presence
Fleur de Pentecoste rouge doulour de vostre
absence,
Fleur de bled noir sans mal mesme desire
Fleur qe chancre rouge vous souuienne dé
moy,
Fleur asseurée ioye,
Fleur de chou nouueau soucy
Fleur de pauot blanc ne songe qu'en vous,
Fleur de pauot rouge en meilleur lieu aimer,

ne puis,
Fleur de sauge, i'ay desir de vous voir
Fleur de Genet, pour amour i'endure
Fleurs de dent du Lyon, vous perdrez temps
Fleurs de violette de Mars ne vous ennuyez,
Fueilles d'oliuier iamais autre que vous ie-
    n'auray.
Fueilles de noyer allegez moy
Fueille de franboisier melancolie,
Fueille de laurier couppée, le pouuoir me
    defaut,
Fueille de rosier tirez ailleurs,
Fueille de meurier trahison couuerte
Fueille de fueillée de maunes vous sortirez
    hors de misere,
Fleur de chastaigner conseillez moy,
Fueille d'oignon du tout ie me retire
Fueille de fraizier peine sans soucy,
Fueille d'œuiller ieu sans vilennie
Fueille de viuelle fermeté d'amour,
Fleur de febues attraict bening & humain
Fueille de febues auarice
Fueille de sucrin, ferme alliance
Fueille de chou prouidence,
Fueilles d'allayes ne perdez temps,
Fueilles de saffran de peu asse.
C iiii

blason

Fueille ronde vaut mieux qu'or contentez
vous pour le present.
Fueille d'oignon, par bout ie lescauray.
G.

Galliot quand vous voudrez
Guras trop me picquez,
Gantollée grand dommage me portez,
Ganetule, ayez memoire du bien faict,
Genest, adresse
Geneure donnez vous garde
Greffe sans espoir.
Giron fard & tromperie,
Girofflée blanche amour chassé
Giroflée rouge beauté
Girofle de plaire ou de muraille, bon vou-
loir & parfaict amour
Girofflée grise, mon cœur est tout vostre
Gousse de poix ie vous garde amour & foy,
Gousse de febues gardez moy foy,
Guy sans nul secours,
Glageul honneur,
Gosse degeline à moy ne vous attendez
Groiselier changer vous veux,
Groiselier rouge paillardise
Graine de fresgon sans Loy ny roy,
Graine de neptum i'ayme la brunette
Graine de laurier i'ayme la roussette
Graine de houx, i'ay me la vermeille

Graine de guy i'ayme la blanche.

H.

HEerbe commune changeons propos
Herbe sainct ou lierre terrestre, ie vous
desiré,
Hieble commodité.
Houblon ce que vous voudrez
Houx, rudesse,

I.

IAloufie extresme douleur,
Iaune ortie vilennie
Ionc vn brin innocente droicture
Ionc deux brins amour reciproque
Iombarde ou toufiours viue ialoufie.

L.

LAict de cocu deception
Laictues bonnes nouuelles
Laube, incuriofité,
Langue de chin, enuie,
Lauande fleurie, repentence
Laurier voctoire,
Laureole iamais ne m'aduiendra
Lauane, trauail
Lauande couronnée, vous parlez trop
Lettrons, vous efte trop fot & trop ieunne,
Le chanicle de la vigne, me tenez fufpend.
Lys, foy,
Lys de vallée, dureté,

Litiere, ingratitude
Liueche auancez vous
Lin bon meſnagé,
Lumiere, cœur trop ſecret,
L'herbe noüée, de voſtre amour depeſtrer
ne me puis.

M,

Mandragore generatiue conionction,
Marguerite bon temps,
Marguerite ſeule en tout tembs bon eſpoir
Marguerite blanche reſuerie
Marguerite champeſtre ie ſuis à pouruoir
Mariolaine groſſe, menſonge,
Marouet vous meſprenez
Maſtie aymez moy
Millineuf, congé ne vous donray
Meſtier ſans miſericorde
Mante blanche reſuerie,
Mante noire heureuſe alliance
Mante aquatique laiſſez tout,
Mentaſtre bien vous veux
Meurier amour parfaict
Mille fueilles, il m'enuoye
Millot là ne tendez,
Mille peruis rien ne tenez ſecret
Mitre reſtabliſſement
Mariolaine delicateſſe

Morelle autre que bien ne bien ne pensez
Moron vous estes trop enuieux,
Mors le diable ou scabieuse mal auez rap-
     porté
Mousse verde paresse
Mousse blanche ou grise vielleisse.
Mugnet de bien en mieux
Muse dolens pourchas

N.

Narcisse bien bonne ou fleur de Ianuier
en humilite iouyssance gaye
Naueau despence,
Noptun, bien tost,
Neesle aymer sans estre aymé,
Noire espine fleurie honnable pourchas

O.

Ormeaux force,
Ortie, trahyson
Oranger trop me coustent
Ozeille ou pion vain espoir
Ozeille ou vinette menusonnez à mon
    ardent desir
Ozeille gosse ou tinchon reparation.

P.

Palme nostre dame ou herbe à la poictri.
    ne contrarieté
Pain paist, ou pensacre poison,
Pareille briefue expeditio

Passerose rouge contentez moy,
Passerose blanche douceur & humilité,
Passe-volours, beauté sans bonté,
Pastel, puissance,
Pastenades ou carottes fauce estime
Pate de lyon fier & orguilleux.
Pensée seulle à vous m'attend
Persil, mon mal me plaist,
Perce-pierre douleurs
Piecourt ou lacule autre fois mieux
Picque madame, ie veux coucher auec vous
Primant ou melisse douleur
Pimpernelle nouriture
Pineau douceur,
Pain diuerses pensées,
Poirier trop grande imperfection
Poire de valée, comme m'auez trompés,
Pollipode, accord.
Pommier trop i'endure,
Pate de loup cruauté
Pourpié froides amours
Polliot ou cerdollet. retardement
Poireaux pour vn plaisir mille douleurs
Poitiron abondance de biens
Plantain ie suis à vous de tout
Prunier desir de paruenir.
Prime vere, i'atans trop

Q.

Queue de renard malice & finesse.

R.

Raffle secours prompte
Raue ou rafort
Rauenelle par paresse pauureté
Reioinste ou herbe au charpentier reunir
    en amitié,
Responce, ne mespriser
Reible, vous m'auez surptis
Regueillisse, douceur plus ne m'attire
Riollet, ie vous donne le pris de beauté &
    vertu,
Romarin non couppé, congé
Romarin couppé, amour sans fin
Rose blanche, i'ay bon vouloir
Rose rouge largesse
Rose muscad, ie vous refuse
Rose de Prouins, songez y
Roseau amour legere,
Ronse grand plaisir
Remberge de vous n'ay cure,
Rue, ne craignez que vous laisse
Rue, point ne vous aime.

S.

Sauge menue, donnez vous garde,
Sauge grosse, entreprise

Sauge franche fauce amour
Saffran fleury iouyssance,
 Sappin support,
Saunier vous mordez en rient
Segue retirez vous du tout,
Senesson inconstance,
Sene mauuaise grace
Serpentine prudence
Sarriette nul n'est trop bon
Siccomore de petit grand
Soucie vn brin dur à souffrir,
Soucie plusieurs brains alliance
Suseau d'espoir
Scareolle retirez vous du tout
Scabieuse mal'heur,
Scolopendre finesse
Siergon ou ragon hastiuet

TEnaisie à vous n'appartient,
Tetine de chat au souris sans rien dissi-
muler.
Timon couppé perseuerance,
Tim couppé vous paruiendrez,
Tigne podagre de lin ou lande mesnage
        troublé,
Trefle reconfort
Tromble respondez sagement

V.

Valerienne ie vous requiers à mary
Veruainne pour vn autre ne me laissez.
Verge à pasteur larcin
Vermineuse vn autre apris la place
Verge de boulas pelée, nostre cas est descou
uert,
Vigne raison par tout
Viuelle que ne vous mariez vous
Violier blanc pour consentement,
Violiet rouge amour celée
Violiers gris secourez moy
Violet ie vous donneray secours
Viollette iaune double qu'on dit basinets,
imparfaicte beauté
Violette de Mars blanche bon espoir,
Viollette de Mars bleue douleur celee
Violette d'hyuer temps perdu
Vmbreuse pardon.

Y.

Ye consunption de biens
Ysope amertume
Yu ou flambe voir ne vous veux
Yuraye, nouriture domageable

Il est toutesfois à noter sur ces precedents
Blasons que quand l'herbe est seulement
nommée, sans ailleur faire mention de la-
Fleur qu'on doit prendre & enuoier sa fleur
qui en pourra trouuer autrement se faudra
contenter de l'herbe Mais ou la Fleur a son
blason & l'herbe le sien il faudra garder à vn
chacun la proprieté de sondict blason.